AF197811

Manuel Vila Baleato

El misterio
de las mascotas

Cornelsen

¡Apúntate a la lectura!

Manuel Vila Baleato: El misterio de las mascotas

Redaktion und Vokabelannotationen: Denise Schmidt, Berlin
Beratung: Úrsula Ávalos León

Illustrationen: Rafael Broseta
Umschlagfoto: shutterstock: © Fribus Ekaterina
Gesamtgestaltung und technische Umsetzung: werkstatt für gebrauchsgrafik, Berlin

www.cornelsen.de

1. Auflage, 7. Druck 2024

Alle Drucke dieser Auflage sind inhaltlich unverändert
und können im Unterricht nebeneinander verwendet werden.

Druck und Bindung: Livonia Print, Riga

ISBN 978-3-06-024344-0

PEFC zertifiziert
Dieses Produkt stammt aus nachhaltig
bewirtschafteten Wäldern und kontrollierten
Quellen.

www.pefc.de

PEFC/12-31-006

1. Por fin vacaciones…

Hoy, por fin empiezan las vacaciones de verano para todos los chicos y chicas en España. También en Alicante Javi, Sarah, Esteban y Elena se preparan para disfrutar[1] de casi tres meses (desde junio hasta septiembre) sin instituto, sin clases, sin exámenes y sin profesores.

Los cuatro chicos están bastante contentos con sus notas y no tienen que estudiar, así que charlan sobre sus planes para las próximas semanas:

Javi: ¡Por fin vacaciones!

Sarah: Sí, y ahora podemos hacer un montón de cosas porque tenemos todo el verano libre. ¡Qué guay! Tengo muchas ganas[2] de nadar en el mar, y sobre todo de practicar surf… ¿Queréis ir a la playa del Postiguet esta tarde?

Esteban: ¡Vale! Es una idea estupenda.

---

1 disfrutar de a/c *etw. genießen* **2** tener ganas (de) *Lust haben (auf)*

Elena: ¿Otra vez a la playa? ¿Por qué no vamos a dar un paseo¹ al centro de la ciudad? También podemos ir al cine o al centro comercial nuevo…

Javi: ¿Adónde? Son vacaciones, hace un calor horrible, no tenemos que ir al colegio, por fin tenemos tiempo libre para nosotros y tú quieres ir al centro a pasear o entrar en un centro comercial para ver ropa en tiendas de moda…

Elena: Es que a mí no me gusta el surf, y estar todo el día en la playa es un poco aburrido, ¿no?

Esteban: ¡Qué va!² Además, podemos llevar una pelota… Yo creo que es una idea perfecta para un día de vacaciones como hoy, con mucho sol…

Sarah: ¡Ir a la playa mola mogollón!³

Elena: Bueno, vale, pues vamos a la playa…

Javi: ¡Perfecto! Entonces estamos todos de acuerdo⁴, ¿vamos en autobús o a pie?

Elena: ¿Quieres ir a la playa a pie con este calor?

Esteban: ¡Es verdad! Mejor⁵ vamos en bus. Quedamos en la plaza y tomamos el autobús a las tres y media en la parada⁶ que está al lado de la hamburguesería.

Sarah: ¿En la calle Ciudad Real?

Elena: Sí, claro. Entonces, hasta las tres y cuarto en la Plaza San Blas.

Todos: ¡Adiós!

A las tres y cuarto, cuando los chicos van a la parada de autobús para ir a la playa, se encuentran a doña Minda, una vecina del barrio muy simpática y ya un poco mayor, que grita muy nerviosa:

Doña Minda: ¡No puede ser! ¡chicos! ¿sabéis vosotros dónde está Coco? Su jaula[7] está vacía… ¡No puede ser! ¡No está en casa desde esta mañana! ¿Dónde puede estar? Tengo que encontrar a Coco…

Los chicos se miran sorprendidos[8] porque no comprenden muy bien qué pasa. Por fin, Esteban explica[9]:

Esteban: Coco es el loro de doña Minda, es su mascota; en realidad es casi como un hijo para ella.

Sarah: Pobre señora, realmente está muy triste.

---

1 dar un paseo *einen Spaziergang machen* 2 ¡Qué va! *Ach was!*
3 ¡Mola mogollón! *Das ist ja cool!* 4 estar de acuerdo *einverstanden sein*
5 mejor *besser* 6 la parada *die Haltestelle* 7 la jaula *der Käfig*
8 sorprendido/-a *überrascht* 9 explicar a/c a alg. *jdm. etw. erklären*

Javi: Sí, y muy nerviosa…

Elena: Es verdad, pero seguro que Coco va a aparecer[1] muy pronto…

Javi: No sé, a lo mejor sólo quiere ser libre y ya no vuelve nunca más…

Elena: ¡Qué negativo eres, tío! No creo…

Esteban: Coco es un loro muy especial, porque habla súperbien.

Javi: ¿De verdad? ¿Y qué dice?

Esteban: Un montón de cosas… Es muy divertido y parlanchín. Todo el mundo[2] en el barrio sabe que Coco no es una simple mascota. Doña Minda está muchas veces con Coco en la plaza, al lado del kiosco, y muchos vecinos hablan con él. Cuenta unos chistes geniales. Y bueno… a mucha gente seguramente le gustaría tener un loro así…

Sarah: ¿Qué quieres decir con eso?

Esteban: Nada, solo que hay muchas personas en la ciudad que quieren comprar a Coco, pero doña Minda siempre tiene la misma respuesta[3]: ¡No!

---

1 aparecer *erscheinen, auftauchen* 2 todo el mundo *die ganze Welt, alle*
3 tener la misma respuesta *die gleiche Antwort haben*

Mientras los cuatro amigos hablan, doña Minda pregunta a todas las personas que pasan por la calle si alguien[1] sabe dónde está Coco. Los chicos piensan qué pueden hacer:

Esteban: ¿Por qué no ayudamos a doña Minda?

Sarah: ¿Y qué pasa con la tarde de playa y surf?

Javi: Podemos ir a la playa mañana. Esteban tiene razón[2], doña Minda es nuestra vecina y necesita ayuda para encontrar a su mascota.

Elena: ¡Sí!, vamos a preguntar en otras calles del barrio a todos los vecinos si alguien sabe algo sobre Coco.

Con muchas ganas de ayudar[3] a su vecina, los cuatro chicos cambian sus planes de playa y surf para descubrir el misterio de la desaparición[4] de Coco.

---

1 alguien *jemand*   2 tener razón *Recht haben*
3 ayudar a alg. *jdm. helfen*   4 la desaparición *das Verschwinden*

2. Quien busca, encuentra ¿o no?

Los chicos van de una calle a otra, preguntan a toda la gente[1], a sus padres, a sus hermanos y a sus amigos, pero los vecinos[2] del barrio San Blas no saben nada sobre Coco. Finalmente los chicos pasan por la Avenida Adolfo Muñoz Alonso, llegan a la Plaza San Blas y van a la heladería para hacer una pequeña pausa y hablar sobre las pocas informaciones que tienen:

Sarah: Está claro que mucha gente en el barrio conoce a Coco…

Esteban: Es que a doña Minda le gusta mucho pasar la tarde con él en el parque, y todo el mundo sabe que Coco habla muy bien…

Mientras los amigos charlan, llega Juan, el camarero[3]:

Juan: ¿Qué tal chicos? ¿Cómo va todo?

---

1 la gente *die Leute* 2 el/la vecino/-a *der/die Nachbar/in*
3 el/la camarero/-a *der/die Kellner/in*

Sarah: Así, así… bueno, no. En realidad[1], bastante mal…

Juan: ¿Por qué? ¿Qué pasa?

Esteban: ¿Conoces[2] a doña Minda?

Juan: ¿A quién? ¿A la señora que siempre está en el parque con ese periquito tan simpático?

Javi: ¡Exacto! Aunque en realidad Coco no es un periquito, es un loro…

Juan: ¡Claro que conozco a doña Minda! Como todos en el barrio, creo que vive enfrente de la panadería. ¿Qué le pasa? ¿Está enferma[3]?

Elena: ¡Nooo! Doña Minda está perfectamente, el problema es Coco…

Juan: ¿Qué pasa con Coco?

Sarah: Pues simplemente que nadie[4] sabe dónde está y nosotros pensamos que quizás[5]…

Esteban: …alguien…

Javi: …puede tener la idea de…

Elena: …es que es un animal muy especial, seguro que cuesta un montón de dinero…

Juan: ¿Qué queréis decir? ¿De verdad pensáis que alguien puede robar[6] un periquito?

Esteban: ¡Es un loro! Los periquitos no hablan y además son mucho más pequeños…

Juan: Bueno, vale, vale…

Esteban: Y sí, creemos que es posible pensar en un robo.

Juan: Vosotros tenéis muchas fantasías en la cabeza[7]… No estamos en una serie de televisión de detectives, estamos en la vida real, en el barrio San Blas…

Sarah: Quizás tienes razón…

Esteban: Doña Minda quiere a Coco como a un hijo, está siempre con él y, por eso, es muy extraña[8] su desaparición…

Juan: En fin… vosotros continuáis[9] con vuestros misterios y yo continúo con mi trabajo, ¿qué queréis tomar?

Javi: Yo quiero un zumo de naranja.

---

1 en realidad *in Wirklichkeit*   2 conocer a alg. *jdn. kennen*
3 estar enfermo/-a *krank sein*   4 nadie *niemand*   5 quizás *vielleicht*
6 robar a/c a alg. *jdm. etw. stehlen*   7 la cabeza *der Kopf*
8 extraño/-a *seltsam*   9 continuar (con a/c) *(mit etw.) weitermachen, fortfahren*

Esteban: La verdad es que yo estoy muy preocupado[1], pero mientras buscamos una solución, me voy a tomar un helado de chocolate. Doble.

Elena: Yo todavía no sé… bueno sí, un helado de vainilla y chocolate.

Sarah: Juan, para mí una horchata muy fría, por favor.

Juan sonríe[2] y piensa que los chicos se aburren demasiado[3] porque no hay colegio y están de vacaciones, pero en ese momento llegan Mercedes y Fabio, los abuelos de Javi:

Fabio: Javi, por fin te encontramos; ¿está Golfo contigo?

Todos los chicos miran sorprendidos, porque todos conocen perfectamente a Golfo, el gato de los abuelos de Javi.

Javi: ¿Golfo? ¿Conmigo? Claro que no…

---

1 estar preocupado/-a *besorgt sein* 2 sonreír *lächeln*
3 aburrirse demasiado *sich zu sehr langweilen*

3. Otra extraña desaparición

Cuando los abuelos de Javi cuentan su historia, los chicos no pueden creer lo que oyen[1]:

Mercedes: Golfo no está en casa desde esta mañana, y tus padres tampoco tienen ni idea dónde puede estar…

Fabio: Golfo no es un gato que desaparece así sin más.

Sarah: Bueno, siempre se dice que a los gatos les gusta estar solos…

Mercedes: Nuestro gato es diferente, siempre está en casa y es muy tranquilo.

Javi: Es verdad, yo conozco bien a Golfo y sé que él nunca sale de casa solo. Quizás está con papá o con mamá.

Fabio: No, tu madre todavía está en el trabajo y tu padre tiene esta tarde una cita[2] en el médico.

---

1 lo que oyen *was sie hören*   2 tener una cita *einen Termin haben*

Esteban: Esto es extraño… ¿conocéis ya la historia de doña Minda?

Mercedes: ¿Doña Minda? ¿Vuestra vecina?

Elena: Sí, claro, ya sabéis, siempre está en el parque con Coco, su loro.

Fabio: Sí, es muy divertido y parlanchín, y habla muy bien.

Javi: Exacto; el problema es que nadie sabe dónde está Coco.

Mercedes: ¡Dios mío![1] No me lo puedo creer, no puede ser una casualidad[2]…

Los chicos y los abuelos de Javi están muy nerviosos y piensan en qué pueden hacer para solucionar el problema, pero no tienen ningún[3] plan…

Sarah: ¿Qué podemos hacer?

Esteban: ¡Ni idea! Pero seguro que todo este rollo[4] es al final una tontería[5]. No sabemos si simplemente son un par de mascotas que desaparecen durante unas horas…

Elena: Además… ¿por qué va a querer alguien robar a Golfo?

Fabio: ¡Oye! Golfo es un gato persa fantástico…

Mercedes: Muy bonito y muy cariñoso…

Javi: Sí, pero lo que dice Elena es verdad.

Sarah: ¿Por qué no vamos a hablar con doña Minda para ver si ya sabe algo?

Javi: Sí, es una buena idea. Abuelos, vosotros podéis volver a casa a ver si Golfo ya está allí de nuevo.

Los abuelos de Javi se van a su casa y los chicos se van por la calle Pintor Gisbert. En ese momento, se encuentran con Pablo y Luis, los primos de Javi:

Pablo y Luis: Javi, ¡date prisa! Tenemos que hablar contigo sobre la desaparición de Lucas, nuestro hámster.

---

1 ¡Dios mío! *Mein Gott!* 2 la casualidad *der Zufall*
3 ningún/ninguna *kein/e* 4 todo este rollo *der ganze Quatsch*
5 la tontería *die Dummheit*

4. Ver para creer

Elena, Sarah y Esteban también escuchan la historia que sus primos cuentan a Javi:

Pablo: Sabemos por tu madre que tus amigos y tú ya conocéis la historia de la desaparición de Coco, y a lo mejor ya tenéis alguna información.

Sarah: Pues, la verdad es que no tenemos mucho.

Esteban: En realidad no tenemos nada; sólo sabemos que Golfo, el gato de vuestros abuelos tampoco está en casa.

Sarah: Esto no es un juego, yo ya estoy un poco nerviosa. Creo que mi perro Sami está en casa con mis padres, pero voy a ir en seguida a casa.

Elena: ¡Sami! ¡Claro! ¡Y Gary, mi periquito! ¡Tenemos que llamar en seguida! ¿Dónde están tus padres? ¿Están también en casa?

Sarah: Pienso que sí. Mejor voy a llamar ahora mismo para estar segura. Oh no, ¡qué palo! No tengo mi teléfono aquí…

Javi: ¿Quieres usar[1] mi móvil?

Sarah: Sí, por favor. ¿Dónde está?

Javi: Aquí, en mi mochila, toma.

Sarah: Uf, menos mal, muchas gracias. Elena, ¿quieres llamar tú primero?

Elena: No, tranquila, llama tú.

Sarah está muy nerviosa y llama aunque no sabe si sus padres todavía están en casa. Después de tres tonos, por fin, su madre contesta el teléfono:

Madre: ¡Dígame!

Sarah: ¡Hola, mamá! Soy yo, Sarah, te llamo con el móvil de Javi.

Madre: Ah, hija, ¿qué pasa? ¿estás bien?

Sarah: Sí, ¿y vosotros? ¿Todo bien en casa?

Madre: ¡Claro que sí! ¿Por qué preguntas así?

Sarah: ¡Menos mal! ¿Pero estáis todos bien?

Madre: Pues claro, yo estoy en el salón, tu padre está en la cocina y Sami está en… eh… eh… ¿dónde está Sami?

---

1 usar a/c *etw. verwenden, benutzen*

5. Como en una novela de misterio

En menos de un cuarto de hora los chicos llegan a casa de Sarah, donde sus padres esperan nerviosos sin comprender qué pasa. Los primos de Javi, Pablo y Luis, también van con todo el grupo y escuchan atentos a los padres de Sarah:

Madre: ¡No puede ser!

Padre: ¡Es imposible[1]!

Sarah: Por favor, ¿queréis contar por fin algo? ¿Dónde está Sami?

Madre: No lo sabemos. No lo comprendo, ¿cómo puede desaparecer un perro así, si estamos nosotros en casa?

Javi: Tranquilos… Quizás está debajo de la cama de Sarah o detrás de su armario…

Padre: Lamentablemente[2]… no… Sami casi siempre está en la habitación de Sarah, en su rincón favorito. Venid conmigo y mirad; normalmente está ahí, a la izquierda de su escritorio, al lado del balcón. A veces sale un rato, pero después entra otra vez y hoy…

Sarah: Papá, Sami no puede desaparecer tan fácilmente, tiene que haber una explicación…

Pablo: Eso pensamos nosotros también. Con Lucas, nuestro hámster, la situación es muy similar; en nuestra casa nadie puede decir desde cuándo no está Lucas en su jaula.

Sarah: ¡Qué misterio! ¡Tenemos que descubrir qué pasa con los animales del barrio!

Luis: ¿Creéis que puede ser un «ladrón de mascotas»[3]?

Padre: Eso son sólo fantasías…

Javi: Es verdad, pero es que si no… ¿dónde pueden estar? ¿Cómo pueden desaparecer de repente un montón de animales sin dejar ninguna pista[4]?

Elena: Yo no comprendo nada. ¿Quién puede hacer algo así? Tiene que ser alguien del barrio… ¿Pero por qué?

Sarah: ¿Por qué tiene que ser alguien del barrio? A lo mejor simplemente[5] es un loco enamorado[6] de los animales.

---

1 imposible *unmöglich* **2** lamentablemente *leider* **3** el/la ladrón/-ona de mascotas *der/die Haustierdieb/in* **4** la pista *hier: die Spur* **5** simplemente *bloß* **6** el/la loco/-a enamorado/-a *der/die wahnsinnige Liebhaber/in*

Esteban: Está claro que si alguien lo hace por dinero, va a pedir un rescate[1]… Pero, ¿por qué no hay una nota o por qué no llaman por teléfono?

Javi: ¿Y si quieren nuestras mascotas para algún parque zoológico?

Pablo: ¿Un hámster como Lucas o un perro como Sami para un zoológico? ¿Tú crees?

Javi: ¡Quién sabe!

Luis: Yo creo que sólo quieren ganar dinero y, por eso roban las mascotas, para luego…

Elena: ¿Para venderlas[2]?

Javi: ¡Claro que sí!

Elena: Javi, ¿puedo usar tu móvil para llamar a mi casa? Quiero saber si Gary está bien…

Elena llama a su casa y Paco, el compañero de su madre, contesta:

Paco: ¡Diga!

Elena: ¡Hola Paco! ¿Qué tal está Gary?

Paco: ¿Qué dices?

Elena: ¿Está Gary con vosotros en casa? ¡Date prisa, que no tengo mucho tiempo!

Paco: ¿Qué te pasa? Gary está aquí, en su jaula, muy tranquilo, ¿por qué?

Elena: Por nada, no te preocupes, gracias Paco, ¡adiós!

Paco: De nada, pero, ¿por qué…? Elena, espera un momento,… ¿a qué hora vas a volver a casa?

Pero ya es demasiado tarde. Elena no escucha las últimas palabras de Paco porque no quiere perder[3] más tiempo.

---

1 pedir un rescate *ein Lösegeld fordern*   **2** vender a/c *etw. verkaufen*
3 perder a/c *etw. verlieren*

Elena: ¡Menos mal! Gary está bien. Pero yo todavía no comprendo nada. ¿Alguien tiene una idea?

Sarah: Yo estoy harta. Creo que es mejor llamar a la policía.

Esteban: ¿Y crees que nos van a escuchar? Seguro que van a pensar que sólo somos unos niños aburridos porque estamos de vacaciones…

Javi: Estoy de acuerdo, es mejor no discutir.

Esteban: Sí, tenemos que hacer algo para encontrar a Sami, a Lucas y al resto de mascotas del barrio.

Elena: Es verdad, no podemos esperar más. ¡Manos a la obra!

Madre: ¿Adónde vais?

Pero los padres de Sarah no reciben ninguna respuesta porque en ese momento el grupo desaparece detrás de la puerta del piso.

6. Organizar un plan

Ya en la calle, los chicos se organizan para ganar tiempo.

Pablo: Luis y yo vamos a ir otra vez a casa, a ver si nuestros padres saben algo sobre Lucas.

Javi: ¡Perfecto! Sarah y yo podemos ir a «Masali», a lo mejor ellos saben algo...

Esteban: ¿«Masali»? ¿Qué es «Masali»?

Sarah: Ay, ¿dónde tienes la cabeza?, ya sabes, «Masali», la asociación protectora de animales.

Esteban: Ah, sí claro, qué tonto... Pero está un poco lejos, ¿no?

Sarah: No está cerca, pero podemos ir en bici.

Javi: Claro, y así podemos pasar por la tienda de animales que hay en la calle Juanito Santero, al lado del cine.

Elena: ¡Buena idea! Esteban y yo podemos llamar al parque zoológico. En «Safari Aitana» tienen muchos animales, así que podemos preguntar si allí también desaparecen misteriosamente.

Esteban: Bueno, pues ¡ya está! ¿Qué hora es?

Javi: Ya son las siete menos cuarto.

Sarah: ¡Qué tarde! Vamos, basta de hablar. Nos vemos en la Plaza a las nueve y media, ¿vale?

Elena: ¿A las nueve y media? ¿Tan tarde? Si llego a mi casa a esa hora mis padres me van a dejar sin postre una semana.

Esteban: Es que más temprano es imposible, no tenemos mucho tiempo y necesitamos información si queremos descubrir este misterio.

Javi: ¿Y si quedamos a las nueve?, ¿vamos a estar listos a esa hora?

Elena: Para mí mucho mejor, porque así llego a casa antes de la hora de la cena y mis padres no se enfadan[1]. En mi casa siempre cenamos todos juntos sobre las nueve y media…

Esteban: Bueno, vale…

Sarah: Pues vamos, no hay tiempo que perder. Nos vemos a las nueve en punto en la Plaza.

Javi: ¡Claro! Y ya sabéis: ¡Tened mucho cuidado!

Esteban: ¡Vale! Vosotros también. ¡Hasta luego!

Todos: ¡Adiós! ¡Chao!

---

1 enfadarse (con alg.) *sich ärgern, böse werden (auf jdn.)*

7. Demasiadas casualidades

Poco a poco los chicos llegan al cibercafé de la calle Pintor Gisbert. Más o menos dos horas más tarde ya están otra vez juntos, pero no están muy contentos.

Sarah: ¿Vosotros tampoco tenéis nada nuevo?

Esteban: La verdad es que no mucho. En «Safari Aitana» todo está como siempre. Allí no falta[1] ningún animal y creo que ahora simplemente piensan que estamos un poco locos…

Javi: En la asociación protectora de animales «Masali» tampoco tienen ni idea de quién puede robar las mascotas del barrio ni por qué.

Sarah: Y en el «Arca de Noé», la tienda de animales que está en mi calle, no hay nadie, sólo un cartel muy grande con las palabras «Se vende»[2].

Peep, peep. Javi busca en su mochila, mira su móvil y lee el mensaje:

Ola primo, x aki todo =, lucas no sta en ksa, stamos en contacto ☺

---

1 falter *fehlen* **2** se vende *zu verkaufen*

Javi: Son mis primos. En su casa tampoco hay nada nuevo, y dicen que Lucas tampoco aparece.

Todo el grupo está de acuerdo en que tienen que hacer algo, pero no tienen ningún plan, por eso charlan un rato y finalmente deciden[1] que quizás, después de todo, no es tan mala idea llamar a la policía, así que llaman por teléfono a la comisaría de la ciudad. Después de unos segundos de espera mientras escuchan una música bastante aburrida, contesta una voz femenina[2]:

Comisaría: Comisaría de la ciudad de Alicante, ¿en qué puedo ayudarle?

Javi: ¡Buenas noches! Queremos hablar con el comisario. Es por la desaparición de las mascotas en el barrio San Blas.

Comisaría: ¿Desaparición de mascotas? ¿Qué dice? ¿Qué mascotas?

Javi: Bueno, desde esta mañana faltan en el barrio varios animales: Coco, el loro de doña Minda; Golfo, que es el gato de mis abuelos; Lucas, el hámster de mis primos; y Sami, el perro de mi amiga Sarah. Nadie sabe dónde están y creemos que no puede ser casualidad. Mis amigos y yo queremos ayudar a nuestros vecinos pero hasta ahora no tenemos mucha información.

Comisaría: Bueno, la verdad es que es un poco extraño, pero es demasiado pronto, así que vamos a esperar hasta mañana. A veces muchos animales desaparecen y aparecen después de un par de horas. Vosotros podéis estar tranquilos, voy a hablar con el comisario sobre el tema.

Javi: Muchas gracias señorita, buenas noches.

Comisaría: Buenas noches y muchas gracias por vuestra colaboración[3], chicos.

Supercansados después de un día muy intenso, los chicos se van a sus casas. Cuando Elena llega a casa, apenas[4] puede creer lo que lee en una nota de su madre y de Paco:

> *Elena, no estamos en casa pero tu comida está en la cocina; estamos un poco nerviosos... ¿Sabes dónde está Gary?*

---

1 decidir a/c *etw. entscheiden*   2 una voz femenina *eine weibliche Stimme*
3 la colaboración *die Zusammenarbeit*   4 apenas *kaum, gerade so*

8. Sin novedades[1]

Elena espera nerviosa y sola en su casa. Cuando dos horas más tarde llegan Paco y su madre sin saber nada sobre Gary, vuelve a la cama. En toda la noche apenas puede cerrar ojo porque no comprende qué pasa en el barrio.

Elena está preocupada porque no sabe dónde ni con quién está Gary, o si tiene comida… Piensa y busca soluciones al misterio de las mascotas desaparecidas pero no tiene ninguna buena idea. Por la mañana desayuna con Paco y con su madre, que también están muy cansados.

Elena: Esta mañana voy a ir a la policía para hablar con el comisario.

Madre: ¿A la policía? No puedes ir a la comisaría sólo para decir que no sabes dónde está tu periquito.

Elena: Mamá, es que no es sólo Gary. Faltan un montón de animales en todo el barrio.

Paco: Yo no sé si es una buena idea, pero tenemos que hacer algo. No podemos esperar aquí en casa sin hacer nada.

En ese momento, mientras desayunan, escuchan las noticias[2] por televisión:

«*Continuamos con las noticias locales: Después de la desaparición de un caballo el martes en el hipódromo, esta noche desaparece una tortuga del parque zoológico «Safari Aitana» en circunstancias misteriosas.*»
«*Y ahora la información deportiva: El Alicante CF gana su partido contra el FC Barcelona.*»

---

1 la novedad *die Neuigkeit*   **2** las noticias *die Nachrichten*

Elena: ¿Qué? ¡No puede ser!

Paco: Pues sí, increíble pero es verdad, 2 a 0, con goles de…

Elena: ¡Paco! No hablo del partido de fútbol, hablo de la desaparición del caballo y de la tortuga en el parque zoológico.

Madre: Esto ya es demasiado…

Elena: Voy a quedar con los chicos y vamos a ir a la comisaría.

Todavía con una galleta en la mano, Elena sale de su casa y va a buscar a Javi, Sarah y Esteban. Veinte minutos más tarde, ya están todos juntos en la Plaza San Blas.

Elena: Sarah, ¿sabéis algo de Sami?

Sarah: Nada de nada. Yo estoy de acuerdo contigo y creo que tenemos que hablar con el comisario en seguida.

Javi: Buena idea, ¡vamos!

Diez minutos más tarde los cuatro chicos están enfrente de la comisaría.

9. Volved en otro momento

Cuando los cuatro amigos entran en la comisaría, una policía joven y guapa les pregunta si les puede ayudar en algo. Todos los chicos quieren hablar a la vez, pero la agente comprende bastante bien la historia porque ya conoce alguna información de la llamada telefónica del día anterior[1].

Policía: El comisario no os puede escuchar ahora porque está en el parque zoológico por la desaparición de la tortuga. Podéis pasar más tarde o mañana. Yo me llamo Paula y si el inspector Pazos no está, podéis preguntar por mí[2] y yo voy a hablar con él personalmente.

Aunque no están muy contentos, el grupo sale de la comisaría y vuelve a la Plaza San Blas. Allí esperan en un banco mientras comen un helado. Los chicos

---

1 el día anterior *der vorherige Tag*
2 preguntar por mí *nach mir fragen*

apenas hablan y tampoco Esteban, que siempre cuenta chistes muy divertidos, dice nada.

En ese momento, un gato persa muy bonito sube al banco y come un poco del helado de Sarah, que no está atenta. Javi no puede creer lo que ve:

Javi: ¡Oye! ¡No puede ser! ¡Golfo!

El gato, muy tranquilo, sube por la mano de Javi, que está supercontento:

Javi: ¡Qué guay! Menos mal que ya está Golfo con nosotros…

Pero en ese momento llegan un chico y una chica. Llaman al gato y hablan con Javi y sus amigos.

Chica: ¡Rubi! Ven aquí. Lo siento chicos, es que Rubi todavía no nos conoce muy bien y por eso se va así, de repente…

Javi toma el gato en la mano y mira si tiene una marca junto al ojo derecho, igual que[1] Golfo. Después de un minuto lo tiene totalmente claro: es Golfo.

Esteban: ¿Desde cuándo tenéis a Golfo?… quiero decir, ¿a Rubi?

Chico: Bueno, en realidad sólo desde esta mañana, es mi regalo de cumpleaños para mi novia².

Sarah: Es genial, muy bonito, seguro que es muy caro, ¿cuánto cuesta un gato así?

---

1 igual que *genauso wie*   2 el/la novio/-a *der/die feste Freund/in*

Chico: Chicos, el precio de un regalo no se dice, además, al comprar por Internet es más barato…

Javi: Chicos, creo que tenéis un animal robado, porque en realidad este gato es de mis abuelos y se llama Golfo.

Chica: ¿Y tú cómo lo sabes? Hay muchos gatos casi iguales. Lo siento mucho, pero Rubi es nuestra mascota.

Sarah: Pero es que Rubi es en realidad Golfo, por eso conoce a Javi…

Javi: ¿Veis esta marca junto al ojo derecho?

Chico: Sí.

Javi: Un «accidente» con mi bicicleta el día de mi cumpleaños…

Chica: Bueno, no sé que decir… vamos a hablar con el vendedor[1], porque nosotros no queremos problemas con nadie.

Chico: ¿Y nuestro dinero?

Sarah: Esperad, podemos buscar una solución todos juntos.

Esteban: Es que vosotros quizás no lo sabéis, pero en el barrio faltan un montón de mascotas desde hace unos días.

Chica: ¿De verdad?

Elena: Pues sí, ¿podéis describir al vendedor de Golfo?

Chico: Sí, claro. Es un chico joven, de unos 25 años. Es alto y delgado[2], hoy lleva unos vaqueros azules y una camiseta blanca y unas zapatillas rojas, creo.

Esteban: Muchas gracias, ¿y sabéis dónde puede estar ahora?

Chico: Ni idea, pero os puedo decir el nombre de la página web de contacto, donde muchas personas compran y venden animales aquí en Alicante.

Javi: ¡Estupendo!

Sarah: ¡Rápido[3]! ¡Vamos a buscar un ordenador!

---

1 el/la vendedor/a *der/die Verkäufer/in*   2 delgado/-a *schlank*
3 rápido/-a *schnell*

10. Identidad falsa[1]

En seguida, los cuatro amigos y los dos chicos se van al Cibercafé de la calle Pintor Gisbert. Cuando están todos enfrente del monitor, Javi escribe el nombre de la página web: www.mascotas-alicante.es. El novio de la chica muestra a la derecha la opción de entrar en un chat para comprar y vender animales:

Sarah: ¿Realmente hay gente que compra su mascota por Internet?

Chico: Así es, nosotros, por ejemplo. Hay muchas personas que quieren vender y otras que quieren comprar. ¿Por qué no?

Elena: Es que un animal no es un libro, una película o ropa…

Esteban: Es verdad, pero seguro que es más barato…

Javi: Bueno, vamos a ver… Vamos a tomar un nombre falso…

Chica: ¿Qué queréis hacer?

Javi: Si el vendedor de Golfo tiene también a Coco, a Lucas y a los otros animales, también los va a querer vender en Internet, ¿no?

Chico: Pues sí…

Sarah: Javi, eres un genio[2]…

Elena: ¿Sabes todavía el nombre del vendedor?

Chico: Pues, no sé, no estoy seguro… espera, sí, algo con 78…

Javi y los otros chicos miran y buscan en el chat un nombre con 78 pero no encuentran ninguno.

Los cuatro amigos miran el monitor y piensan un nombre para entrar en las conversaciones. Finalmente ya tienen una idea:

Sarah: Un nombre con las primeras letras de nuestros nombres; ¿JESE por ejemplo?

Esteban: JESE4, mola más…

Elena: Bueno, vale… vamos; ¡escribe algo!

`»JESE4:` Hola a todos, amigos de los animales ☺

---

1 la identidad falsa *die falsche Identität*   2 el genio *das Genie*

» **Nawer90:** Hola JESE4, ¿qué tal? ¿tú también tienes una mascota?

» **Kle:** Hola, ¿os gustan los perros? Yo tengo una perra muy graciosa que se llama Zora.

» **JESE4:** Todavía no tengo una mascota, pero quiero comprar un hámster, me gustan mucho.

Los chicos miran muy atentos la conversación en el chat. Poco a poco, los dos chicos jóvenes también comprenden la idea de Javi y sus amigos. Otras personas también participan[1] en el chat:

» **Mateo11:** A mí me gustan los perros, pero sobre todo los perros pequeños.

En ese momento entra en el chat otra persona:

» **Noe78:** Hola JESE4, si quieres, yo tengo un hámster muy simpático para vender.

Los chicos se miran y leen otra vez el nombre: *Noe78*.

Chico: Noe78; ¡Es él! Sí, es el vendedor de Rubi, quiero decir, de Golfo.

Elena: Estoy segura de que ese hámster es Lucas, la mascota de tus primos.

Chica: Bueno, tranquilos, puede ser una casualidad…

Pero cuando leen las próximas frases en el chat, todos están seguros:

» **Mateo11:** ¡Qué suerte! ¿Y no tienes un perro para vender?

» **Noe78:** ¿Un perro? ¡Claro! Tengo un perro muy bonito, es pequeño, blanco y marrón.

Sarah: Estoy segura de que ese perro es Sami, y yo no creo en las casualidades…

---

1 participar (en) *(an etw.) teilnehmen*

11. Un trato es un trato

Sarah está muy nerviosa y quiere ir en seguida a la policía, pero todos saben que nadie puede decir dónde está el vendedor, así que tienen que pensar en un plan.

Sarah: Tenemos que llamar a la policía, ¡rápido! Y si el inspector Pazos no está en la comisaría; siempre podemos hablar con Paula…

Javi: ¡Todavía no tenemos nada! Vamos a organizar una trampa[1]… ¡Espera!

Chico: ¿Qué queréis hacer?

Elena: Podemos hacer una oferta[2], quedar con el vendedor en la Plaza San Blas y luego avisar[3] a Paula y al inspector Pazos.

Esteban: ¡Buena idea! ¡Rápido! Escribe en el chat que queremos comprar a Lucas.

Sarah: ¡Pero sin decir que se llama Lucas! ¡No podemos hacer ningún error!

Javi: Tranquilos… ya sé qué hacer…

Mientras los chicos miran, Javi escribe en el chat y todos leen atentos en el monitor la conversación:

» **JESE4:** Hola Noe78, ¿de verdad tienes un hámster que quieres vender?

» **Noe78:** Sí, claro. Yo no puedo tener más animales en casa, pero te puedo decir que un hámster es la mascota perfecta: puede vivir en un piso pequeño, no tienes que salir con él a la calle y es muy cariñoso.

» **JESE4:** Es verdad, ¿y cómo es el hámster?

» **Noe78:** Es blanco y negro, con unos ojos muy grandes y un poco travieso.

» **JESE4:** ¡Qué bien! Seguro que me va a gustar mucho.

» **Noe78:** Pues no tienes que pensar más…

» **JESE4:** Tienes razón, pero antes de comprar el hámster tengo que verlo. ¿Podemos quedar mañana por la mañana?

» **Noe78:** ¡Ningún problema! Pero seguro que quieres saber cuánto cuesta…

---

1 organizar una trampa *eine Falle stellen*   2 la oferta *das Angebot*
3 avisar (a alg.) *jdn. benachrichtigen, jdm. Bescheid sagen*

»JESE4: Sí, claro, pero ese no es el problema, porque hoy es mi cumpleaños y, ya sabes cómo son los regalos de los abuelos… Podemos hablar después del precio.

»Noe78: Claro, perfecto… entonces, ¿dónde y cuándo quedamos?

»JESE4: ¿Mañana en la Plaza San Blas a las once de la mañana?

»Noe78: Genial, entonces, ya sabes, tú llevas el dinero y yo llevo a tu hámster.

»JESE4: Perfecto, pero ¿cómo voy a saber quién eres?

»Noe78: Muy fácil, soy alto y delgado; tengo 27 años y mañana voy a llevar unos vaqueros azules, una camisa verde y unos zapatos marrones.

»JESE4: Muy bien, nos vemos mañana a las once en la plaza.

»Noe78: Vale, ¡adiós!

»JESE4: ¡Hasta mañana!

12. Solos ante el peligro[1]

Ya es tarde y los chicos tienen que volver a casa, pero antes de irse preparan juntos un plan para la cita con el vendedor:

Sarah: ¡Genial! Ya tenemos el día D y la hora H…

Javi: Sí, pero Noe78 tiene 27 años y puede ser peligroso, yo creo que tenemos que hablar con el inspector Pazos, seguro que él sabe qué hacer.

Elena: Es verdad, es una buena idea, vamos a llamar por teléfono.

Esteban: Javi, ¿dónde tienes tu móvil?

Javi marca el número de la comisaría en su teléfono móvil y después de esperar un rato, por fin puede hablar con el inspector Pazos:

Javi: ¿Inspector Pazos?

Ins. Pazos: ¡Dígame! ¿Quién es usted y qué quiere?

---

1 ante el peligro *angesichts der Gefahr*

Javi: Bueno, soy Javi, un chico que vive en el barrio San Blas…

Ins. Pazos: Chaval, date prisa, que no tengo todo el día.

Javi: Sí, claro… Bueno, como ya sabe, desde hace un par de días faltan algunas mascotas de los vecinos de nuestro barrio…

Ins. Pazos: Chico, no puedo perder el tiempo contigo por la desaparición de un perro y un gato…

Javi: Ya, bueno, pero es que nosotros creemos que todo está relacionado[1] con las desapariciones de la tortuga del parque zoológico «Safari Aitana» y del caballo en el hipódromo.

Ins. Pazos: ¿Nosotros? ¿Quiénes sois vosotros?

Javi: Mis amigos y yo… Es que mañana tenemos una cita con un chico que vende mascotas por Internet y creemos que él…

Ins. Pazos: Mira chaval, dejad de jugar a los detectives. Creo que tus amigos y tú debéis ir a la playa y olvidar[2] todo este tema…

Javi: Ya, pero es que ese chico…

Ins. Pazos: Anda, para estos temas ya está la policía.

Javi: Pero señor inspector, Paula, su compañera…

Ins. Pazos: No te preocupes chaval.[3] Muchas gracias por vuestra colaboración. ¡Adiós!

Javi quiere decir algo más pero ya es demasiado tarde. El resto de los chicos mira a Javi sin comprender muy bien qué pasa.

Sarah: ¿Qué dice el inspector?

Javi: Nada. Lo siento chicos, pero creo que tenemos que resolver[4] este misterio nosotros solos.

---

1 estar relacionado/-a con *zusammenhängen mit*
2 olvidar a/c *etw. vergessen*   3 No te preocupes chaval. *Mach dir keine Sorgen, Junge.*   4 resolver a/c *etw. lösen, klären*

13. Últimos planes

Después de una noche sin casi cerrar ojo, a las nueve y media de la mañana Sarah, Javi, Esteban y Elena desayunan juntos y preparan su plan para la cita con el vendedor:

Sarah: Vamos a ver, entonces, ¿quién va a estar con Javi en la Plaza San Blas?

Javi: ¿Otra vez? Puedo ir yo solo...

Elena: ¡Ni hablar! Yo voy contigo.

Esteban: Sí, no sabemos cómo es Noe78 y no es buena idea ir solo.

Elena: Puedo decir que soy tu hermana y que también quiero una mascota. Le voy a decir que me gustan mucho los loros.

Sarah: Muy bien, seguro que va a hablar de Coco, el loro de doña Minda.

Javi: Claro, a ver si así descubrimos dónde tiene a todos los animales.

Elena: ¡Perfecto! Si tenemos problemas os llamamos por teléfono. Sarah, ¿tienes tu móvil?

Sarah: ¡Por supuesto! Aquí está, en mi mochila.

Esteban: Muy bien. Nosotros podemos tomar un helado doble de chocolate en la terraza de la heladería y controlar todo, ¿vale?

Javi: Tú siempre igual… Elena, ya son las once menos cuarto, ¿estás lista?

Elena: Sí, ¡vamos!

14. Una cita peligrosa

A las once menos cinco Sarah y Esteban llegan a la Plaza San Blas. Ya hace calor y todo está tranquilo, como una mañana normal en el mes de julio. Los dos chicos están un poco nerviosos y, por eso, no hablan mucho. Muchos niños juegan al fútbol y algunos abuelos charlan en los bancos del parque. Por fin, los dos toman algo en la terraza de la heladería.

A las once en punto llegan también Javi y Elena pero no saludan a sus dos amigos. Pasan por delante de la terraza sin decir nada y esperan tranquilamente al vendedor de mascotas al lado del kiosco.

Poco después, a las once y dos minutos, ven a un hombre joven, rubio[1], bastante guapo, de unos 25 o 30 años. Lleva unos vaqueros azules, zapatillas de deporte blancas y una camiseta amarilla.

Los chicos lo miran y hablan en voz baja:

Sarah: ¿Crees que es él? La camisa no es verde…

Esteban: No sé, ni los zapatos son marrones.

El hombre mira unos segundos a Javi y a Elena, pero cuando está muy cerca de ellos va al kiosco, compra el periódico[2] y sin hablar con ellos, desaparece.

Sarah: Uff, ¡qué nerviosa estoy!

Esteban: Yo también. Ya son las once y cinco…

Sarah: ¿Dónde estás, Noe78?

Unos minutos más tarde llega a la plaza otro chico, también joven, con gafas de sol. Y ahora sí es la descripción[3] correcta: camisa verde, vaqueros azules, zapatos marrones. Tiene un paquete en la mano, una caja con unos pequeños agujeros[4]. Esteban y Sarah pueden ver todo desde la heladería:

Esteban: Ahí está, ¡es él!

Sarah: ¡Sí! Y seguro que en la caja está Lucas.

---

1 rubio/-a *blond*   2 el periódico *die Zeitung*
3 la descripción *die Beschreibung*   4 el agujero *das Loch*

Esteban: ¡Claro!

Sarah: ¿Vamos?

Esteban: No, espera. Por ahora tranquila, toma tu helado sin mirar…

No pueden escuchar qué dicen, pero Esteban y Sarah ven cómo el vendedor habla con Javi y Elena. Después de unos minutos ven que Javi tiene en su mano bastante dinero. Poco después los dos amigos y el vendedor salen de la plaza por la Avenida Doctor Rico, en dirección[1] a la calle Juanito Santero.

Esteban: ¿Qué pasa? ¿Adónde van?

Sarah: Todo va según[2] el plan… ahora van a buscar a Coco, ¡seguro!

Rápido, pero desde lejos, Esteban y Sarah van detrás de los tres chicos. En ese momento, aunque ya es demasiado tarde; Juan, el camarero, sale y dice:

Juan: ¡Eh, chicos! ¿Qué pasa con los helados? ¡Son cuatro euros!

---

1 en dirección a *in Richtung* 2 según laut, gemäß

15. En el arca de Noé[1]

Cuando llegan a la esquina de la calle J. Santero, Sarah y Esteban, de repente, ya no ven a sus amigos.

Esteban: Pero… ¿qué pasa? ¿dónde están?

Sarah: No puede ser, tienen que estar aquí…

Los dos amigos miran sin comprender dónde pueden estar Javi, Elena y el vendedor de mascotas. De repente, Sarah ve algo:

Sarah: ¡Mira, ahí están!

Esteban: ¿Dónde? Yo no veo nada…

En ese momento, Esteban ve la tienda de animales «El arca de Noé» y por fin comprende a su amiga.

Sarah: ¡Claro! Noe78… ¿cómo podemos ser tan tontos?

Esteban: Ahora ya sabemos dónde están los animales robados. Si el inspector Pazos no quiere, quizás Paula puede ayudarnos. Anda, toma el móvil y llama a la comisaría y pregunta por ella.

---

1 en el arca de Noé *auf der Arche Noah*

16. Un final feliz

Unos minutos más tarde, Paula y el inspector Pazos llegan en un coche de policía a la calle Juanito Santero, donde Sarah y Esteban esperan delante de la tienda de animales.

Paula: ¡Hola chicos! Tranquilos, ya estamos aquí…

Ins. Pazos: ¿Dónde están vuestros amigos?

Sarah: En la tienda de animales, con el vendedor de mascotas Noe78, que seguramente es el ladrón de Coco, Lucas, Gary y el resto de animales desaparecidos en el barrio en la última semana.

Ins. Pazos: Chicos, esto es peligroso, no es un juego de niños…

Esteban: Tiene razón, el problema es que usted no nos escucha sólo porque somos niños. Ahora puede ver que nosotros sí sabemos la solución al misterio. Y por eso ahora nuestros amigos están ahí, con Noe78…

Paula: ¡Silencio! Ahora no es el momento de discutir. Vamos a entrar en la tienda.

Después de unos minutos con muchos nervios, Sarah y Esteban ven cómo Paula y el inspector Pazos salen con Noe78 detenido[1]; dos metros detrás de ellos, sus dos amigos, Javi y Elena. En ese momento aparece Sami, que corre[2] y salta[3] sobre Sarah.

Sarah: ¡Sami! Menos mal, ¡por fin estás conmigo de nuevo!

---

1 detener a alg. *jdn. festnehmen, verhaften* **2** correr *rennen*
3 saltar *springen*

17. Los héroes de San Blas

Al día siguiente, muy temprano, muchos vecinos compran el periódico en el kiosco de la Plaza San Blas, con la gran noticia en la primera página:

Unos chicos del barrio solucionan el misterio de las mascotas

Alicante- (Red, MGM). Después de varios días, un grupo de amigos vecinos del barrio San Blas por fin encuentra la solución al misterio de las mascotas desaparecidas. El inspector Pazos y la agente de Policía Paula Orizales consiguen detener a Sergio Fernández, ex-propietario[1] de la tienda «El arca de Noe», situada[2] en la calle Juanito Santero.

Gracias a la ayuda de cuatro amigos y vecinos del barrio: Javier Miranda, Elena Méndez, Esteban Quesada y Sarah Brinkmann, la Policía pone fin a la investigación[3] y al misterio de la desaparición durante esta semana de varias mascotas en la ciudad de Alicante.

Según palabras del joven, sus problemas empiezan con las dificultades económicas[4] en su tienda de animales. El local es muy caro y tiene muchas deudas[5], aunque tiene muchos clientes[6] con interés en comprar animales.

El joven, muy aficionado[7] a Internet, empieza a vender mascotas también en la red, con resulta-

---

1 el/la ex-propietario/-a *der/die ehemalige Eigentümer/in*
2 situarse (en) *sich befinden (in)*   3 la investigación *die Ermittlung, Untersuchung*   4 las dificultades económicas *die wirtschaftlichen Schwierigkeiten*   5 las deudas *die Schulden*   6 el/la cliente *der/die Kunde/-in*
7 ser aficionado por a/c *begeistert für etw. sein*

dos excelentes. El chico también intenta[1] vender el local de la tienda, pero no encuentra un comprador. La situación del joven es muy mala, porque tiene muchas deudas en el banco y necesita pagar las facturas[2], así que tiene la idea de robar un par de animales del barrio para solucionar sus problemas económicos.

Por suerte[3] para los vecinos del barrio, gracias a este grupo de amigos, todas las mascotas ya están de nuevo en sus casas. Ahora ellos ya son conocidos como los nuevos «héroes de San Blas».

Cuando los cuatro amigos llegan a la plaza, todos los vecinos que están al lado del kiosco saludan con aplausos[4] a los chicos, que hoy sí, por fin, quedan para ir al Postiguet, para pasar un buen día de playa y surf.

FIN

---

1 intentar *etw. versuchen* **2** pagar la factura *die Rechnung bezahlen*
3 por suerte *glücklicherweise* **4** el aplauso *der Beifall, Applaus*